gudetama × Das Kapital

蛋黃哥
讀資本論

U0013566

Ichigo Keywords

與金錢打好關係的人生哲學

朝日文庫編輯部—著　　**三麗鷗**—肖像著作　　林琬清—譯

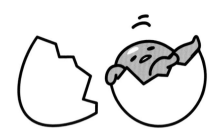

前言

德國思想家卡爾‧馬克思所處的
19世紀歐洲，
是科學大躍進的時代。

隨著工業發展，機器可在短時間內
製造大量物品，
沒有特殊技能的人，
也可雇用來當人力勞動，
於是所謂的勞工就此誕生。

工人為了生計，
接受廉價工資，長時間勞動，
可是一旦出問題就會輕易遭到解雇。

馬克思對此狀況產生危機意識，
於是發表了《資本論》。

馬克思認為
勞動者才是最有尊嚴的，
提倡勞工不該為了賺錢
遭受雇主過度愚弄。

那要怎樣才能避免犧牲自己的時間和健康，
讓人生變得不幸呢？
現在就跟著蛋黃哥一起學習
和金錢與工作打好關係的方法吧！

KEYWORDS

24 讓錢變多的原理，理論上來說應該非常⋯⋯簡單。

25 錢放著不用
就跟沒錢沒什麼兩樣。

26 什麼樣的人，會在什麼時候受到金錢的青睞？

27 公司的最終目的是賺錢。
真的只有這樣而已嗎？

28 才一塊錢、就一塊錢。
嘲笑一塊錢的人，會因少一塊錢而哭泣。

29 要做什麼工作，要在什麼地方勞動，
都是自己的選擇。

30 照理說，經營者和勞動者應該要是對等的關係才對。

31 世上沒有人打從一開始就是完人。

32 公司支付薪水的這段時間，你就是公司的所有物。

34 機械只是單純的工具。
但依照使用者的感受性，就能呈現出不同的勞動成果。

35 休息也是重要的工作之一。

36 遇到瓶頸的時候就乾脆重新來過吧。

37 不管是什麼時候，都有人在某個地方工作著。

38 能夠保護自己的，終究還是只有自己。

39 心靈跟身體一樣需要消除疲勞⋯⋯
不對！心靈比身體更需要。

40 「我不行了！」撐不下去的時候就要說出來，不要忍耐。

41 面對頑強的敵人，
必須所有人同心協力，共同對抗。

42 並非便宜就一定是好事。

44 評價終究還是別人給的，而不是自己。

45 並非花越多時間成效就越好。
正確使用時間才是王道。

46 不勉強自己，差不多就好了。

47 團隊合作大於個人獨秀。

48 比起一個人埋頭苦幹，
不如與同伴及對手一起朝更高的目標邁進。

50 不要自己一個人扛，
懂得託付他人也是重要的技術。

51 相信他人，就能擴展工作幅度。

52 一堆「普通人」聚集在一起
也是很有影響力的。

53 不需要特殊能力。
管理職也是很重要的工作。

54 麻煩的只有一開始。
一旦事物開始運作，只用少少的能量也能持續前進。

55 做起事來卡卡的，
這時應該要重新檢視「工具」。

56 工作沒有優劣，只有職務上的不同而已。

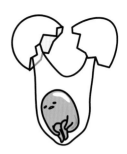

58 要思考任何人都能
   勝任的工作機制。

59 「這樣做說不定會比較方便。」
   這種簡單的想法正是發明的源頭。

60 人擁有將大自然中的素材
   變成各種物品的魔法。

61 機器和機器人真的能讓人類幸福嗎？

62 善用機器，讓時間更加充裕吧。

63 不只是為了自己，
   為了重要的人就能更加努力。

64 「沒有錢也能生活！」未必是好事。

65 了解保障勞工的法律，
   就是在保護自己。

66 沒有訂下期限人就會偷懶。

67 目標成為無人可取代，
   獨一無二的存在。

68 失去後才後悔已經太遲了。

69 生活環境改變，
   重要的東西也會改變。

70 追求沒有的東西只會換來空虛，
   好好滿足於現在擁有的東西吧。

72 獲得能讓自己
　　增加身價的「附加價值」。

73 工作充實，假日也能玩得更有意義。

74 不做白工主義。
　　徹底檢查哪些事是在浪費時間。

75 拿出成果來讓討人厭的主管閉嘴。

76 把自己說得太厲害，之後吃苦頭的是自己。

77 拚過頭不會產生好的結果。凡事不可過度逞強。

78 一個小小的失誤，就會毀了一切。

79 不要只想著一個人勝利，
　　大家一起攜手慢慢走向幸福。

80 擁有過度的競爭心理，
　　這樣不會反被他人操控嗎？

82 了解到工作不一定要依賴公司和組織。

83 從事能讓大家露出笑容、
　　能讓「金錢」運轉的工作。

84 徹底區分工作和私生活。

85 只靠工作價值是沒辦法當飯吃的。
　　千萬不要上當！

86 盡量去做看起來白費力氣、很蠢的事情。

101　擁有別人不會的一技之長，就會很有價值。

102　只要有健康的身體，就有辦法維生。

103　想要自由過活，
　　　就要對自己所做的決定負責。

104　「反正事情又不會改變。」
　　　不要這麼想，現在放棄還太早了！

105　工作不是為了公司，
　　　而是為了自己。

106　需要的東西
　　　在需要的時刻購買需要的量。

107　能從製作者手中立刻拿到剛做好的成品
　　　是非常奢侈的事。

108　和世界接軌，盡量擴展可能性。

109　保持一點距離說不定能發現意想不到的魅力。

110　凡事都有「最佳時機」。
　　　在還沒後悔之前趕快行動吧。

111　那些痕跡是經年累月的證明。

112　再完美無缺的物品都需要維修。

113　為了能夠長久使用，
　　　妥善的維修是不可或缺的。

114　奢侈真的是大敵嗎……？

115 偶爾用「給自己的禮物」
    當藉口是可以的。

116 世上的一切都是息息相關的，只是你沒發現而已。
    保持對世界動向的敏銳度。

117 從「覺得可惜」的想法中產生新的價值。

119 老是重視便宜和效率，就會錯失重要的東西。

120 為了讓大家都能工作得很舒適，
    不要吝於花費任何工夫。

121 沒有工具就以沒有工具的方式去想辦法。

122 過去的失敗案例可以比成功案例學到更多。

123 希望可以解決越工作越痛苦的機制。

124 每個人都有挑戰的機會。

125 錢越多就真的會越有「信用」嗎？

126 不向他人「借鏡」，
    而是用自己的「標準」來判斷事物。

這個世上所有的東西
真的都能用錢買到嗎？

沒有錢就無法買任何東西，也無法生活。為了賺取金錢，我們會各懷心思工作。不過，所謂的「錢」到底是什麼呢？花錢買來的「商品」又是什麼呢？

資本主義生產方式占統治地位的社會財富以「龐大成堆的商品」呈現，一個個的商品則是形成這些財富的元素。〈1卷1章　商品〉（一）

叫蛋黃人
買給哥好了～

欲望太多，
怎麼買都買不完。

好看的衣服、流行的電影、英文會話課程，只要花錢就
能擁有。想要的東西，想體驗的事物，能夠滿足這些欲
望的就是「商品」。

商品首先是一個外在的對象，即為依靠自己的屬性來滿足人的某種
需求的物。〈1卷1章　商品〉（一）

再昂貴的物品，
買來不用就跟垃圾沒兩樣。

就像筆是用來「寫字」，麵包是用來「填飽肚子」一
樣，物品就是要拿來用才會有「使用價值」。再昂貴的
物品如果沒無法好好運用，那就同等於把錢丟進水溝
裡。

物的有用性〔也就是能夠滿足人類某種需求的物品屬性——考茨基
版〕使該物品產生使用價值。〈1卷1章　商品〉（一）

有眾人的存在，
我們才能這麼輕鬆。

「商品」不是一開始就有的。要先有人有靈感，有人製作零件，有人組裝零件，需要許多人付出勞動完成的。正因為有這些人，才會產生金錢上的價值。

使用價值或財物之所以具有價值，是因為將抽象的人類勞動體現化或物化在其中。〈1卷1章　商品〉（一）

無客訴，無退貨，
才是真正的人氣商品。

對自己再方便的物品，只要無法滿足他人的需求，就會
賣不出去。現在熱銷的人氣商品或許也有許多吸引人購
買的附加價值。

生產商品不僅要生產使用價值，還要生產對別人而言的使用價值，
也就是必須生產社會性的使用價值。〈1卷1章　商品〉（一）

不管打幾顆，
蛋黃哥還是蛋黃哥

黃金是最強大的？
黃金厲害之處就在於不管是哪個時代
價值都不會變。

大家都知道以前曾經有過把米、鹽等物當成「錢」來使
用的時代吧？可是這些東西無法長期保存，量多時也不
便搬運，於是金、銀便以貨幣的形式流通於世。

當黃金在商品世界的價值表現中獨占了這個地位，就會成為貨幣商
品。〈1卷1章　商品〉（一）

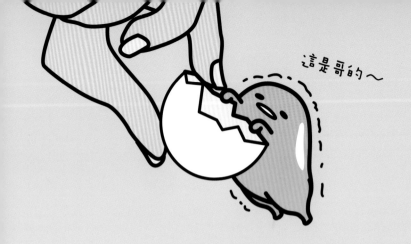

這是哥的～

儘管在別人眼裡是浪費，
對自己而言卻是至高無上的寶物。

考慮到將來的事而盡量把錢存起來不浪費是明智的做
法。可是一旦遇到真的覺得有必要的物品，就算再怎麼
昂貴也能接受對吧？儘管在別人眼裡是浪費。

貨幣在他人的口袋裡，為了吸引人掏出貨幣，必須先使商品對持有
貨幣的人具使用價值。〈1卷3章　貨幣或商品流通〉（一）

不想工作

痛苦的工作、麻煩的人際關係，
如果可以全部拋棄，
自己一個人過活，那該有多輕鬆。

自己一個人能做的事有限，但我們可以用賺來的錢買別人種的蔬菜。社會要靠各式各樣的人「分工」才能成立，光靠自己一個人無法過活。

分工使勞動產品轉化為商品，因此勞動產品轉化為貨幣也是必然的事情。〈1卷3章　貨幣或商品流通〉（一）

變～成～鈔～票～

就算是蛋黃哥，只要有信用，
也能變成「錢」！

一百元紙鈔、五百元紙鈔、一千元紙鈔，其實都只是普
通的紙片，重點是大家都相信它是「錢」。因此一旦這
些紙鈔失去信用，就真的可能變成廢紙一張。

紙幣只有在代表同其他一切商品量，以及價值量的金量時，才能成
為價值符號。〈1卷3章　貨幣或商品流通〉（一）

看不懂數字

這個月有多少錢？

看存摺是私底下的小樂趣。

錢只不過是「購買商品」的道具，但也有人覺得存錢這
件事很有快感，也就是所謂的「求金欲」覺醒的狀態。

自從商品可當作交換價值來保持，或交換價值可當作商品來保持，
求金欲也隨之產生。〈1卷3章　貨幣或商品流通〉（一）

讓錢變多的原理，
理論上來說應該非常……簡單。

假設你用100元買花，再用150元賣出，就能賺進50元
利潤。想要賺更多的話，就在花上綁條緞帶當作禮物包
裝，或許就能賣到250元。「便宜買進，高價賣出」和
「添加附加價值，高價賣出」正是賺錢的機制。

原先預付的價值不僅在流通中保存下來，並在當中改變了自身的價
值量，添加了剩餘價值，也就是價值增值。〈1卷4章　貨幣轉化為
資本〉（一）

好難喔

錢放著不用
就跟沒錢沒什麼兩樣。

如果只是將「錢」放著，就無法發揮它的作用。將錢放著並不會自己增加，所以會想將錢用在學習費上，尋找薪資更高的工作或是投資股票，讓金錢流動。

如果將它從流通中取出，那它就會凝固成貯藏貨幣，即使存放到世界末日，也不會增加分毫。〈1卷4章　貨幣轉化為資本〉（一）

價值是誰
決定的啊？

什麼樣的人，
會在什麼時候受到金錢的青睞？

非常有錢的公司經營者或投資家等被稱為「資本家」的
人，並不只是有錢而已。他們不會滿足於手邊的鉅款，
而是會一心一意想用這些資金再去賺更多錢的人。

貨幣持有者會變成資本家。（略）──價值增值──是資本家的主
觀目的。〈1卷4章　貨幣轉化為資本〉（一）

燃燒殆盡

公司的最終目的是賺錢。
真的只有這樣而已嗎？

商品是為了讓大家生活方便而製造的。可是一旦開始進
行買賣，開始有大量金錢流動，最大目的就會從品質變
成「能賺多少錢」。

不該把使用價值當成是資本家的直接目的，他們的目的也不是取得
一次利潤，而是永不止息地謀取利潤的運動。〈1卷4章　貨幣轉化
為資本〉（一）

又哭又笑的，好忙喔～

才一塊錢、就一塊錢。
嘲笑一塊錢的人，會因少一塊錢而哭泣。

販賣某項商品後獲得利潤，賺了一點小錢，不斷重複這
個行為後，就能販售能夠獲得更多利潤的商品。只要不
辭辛勞反覆進行買賣，錢就能不斷膨脹。

價值有時採取貨幣型態，有時採取商品型態，有時脫離這些型態，
在不斷交替當中，維持並增加著自己的價值。〈1卷4章　貨幣轉化
為資本〉（一）

不管做什麼
哥還是蛋黃哥

要做什麼工作,要在什麼地方勞動,
都是自己的選擇。

「勞動」是指將自己的能力和時間當成「商品」來販
售,因此不該由他人決定,或受到他人強迫要從事什麼
工作。每個人都有「選擇職業的自由」。

勞動力持有者要把勞動力當成商品出售,他就必須能夠自由支配自
己的勞力。因此他必須是自己的勞動能力、人身自由的持有者。〈1
卷4章 貨幣轉化為資本〉(一)

是喔，那哥要睡了喔

照理說，經營者和勞動者應該要是
對等的關係才對。

企業和勞動者相比似乎都會覺得身為雇用方的企業地位
較高，可是雙方在法律上是平等的關係。只是一方販售
勞力，一方購買勞力而已。因此工作時只需理直氣壯，
不需要覺得卑微。

他和貨幣持有者在市場上相遇，彼此的關係是身分平等的商品持有
者，只是一邊是買方，一邊是賣方，因此雙方在法律上是平等的個
人，只是立場有所區別而已。〈1卷4章　貨幣轉化為資本〉（一）

過多久都還沒熟

世上沒有人
打從一開始就是完人。

無論從事什麼工作，在能夠獨當一面之前，都需要時間
請人教導，經歷許多失敗。身邊的人也不會期待你打從
一開始就要做得很完美。所以不用著急，按照自己的步
調，慢慢增加技能吧。

一般來說，為了使人改變性質，使他在一定的勞動部門中學習技能
和熟練的技巧，並塑造出發達且專業的勞動力，就必須要有一定的
教育或訓練。〈1卷4章　貨幣轉化為資本〉（一）

公司支付薪水的這段時間，
你就是公司的所有物。

開始上班到下班的這段期間，等於是出售自己來換取金
錢，因此只要開始工作，就應該要全心投入在工作上，
不要想多餘的事情。工作結束後才是屬於自己的時間。
ON和OFF的開關要確實轉換。

從他進入資本家作業現場的瞬間，他的勞動力使用價值，即勞動力
的使用、勞動都是屬於資本家的。〈1卷5章　勞動過程和價值增值
過程〉〈一〉

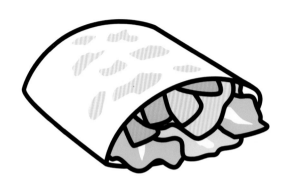

饒了哥吧～
哥最怕被束縛了

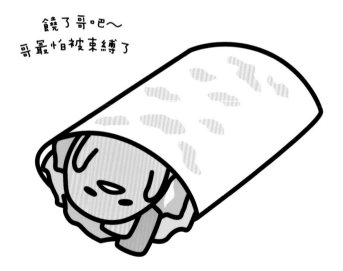

蛋殼也是有用處的

機械只是單純的工具。
但依照使用者的感受性，
就能呈現出不同的勞動成果。

並不是誰拿專業相機都能拍出好照片。如果沒有能善用
機器的人，就無法產生感動。

他把商品這種死的對象和活的勞動力合併在一起，藉此將價值，將
過去被物化的死勞動化為資本，變成能夠自行增值的價值，變成一
頭彷彿罹患了相思病、具有生氣的怪物開始「工作」。〈1卷5章
勞動過程和價值增值過程〉（二）

休息也是
重要的工作之一。

人一旦累了就會提不起勁。這時應該要好好泡個澡,早睡不熬夜,隔天才能神清氣爽。休息其實是非常重要的。

人在一天當中必須有部分時間休息、睡覺,才能恢復力氣。還必須有部分時間吃飯、盥洗、穿衣等等,滿足身體上的其他需求。〈1卷 8章 工作日〉(二)

遇到瓶頸的時候
就乾脆重新來過吧。

因為截止日在即就犧牲睡眠時間繼續工作會造成反效
果，專注力下滑只會讓效率變差而已。不如乾脆一點，
直接睡去，讓大腦重新開機吧。頭腦清醒才能讓思慮清
晰，做出好結果。

他們是普通人，不是巨人。他們的勞動力消耗到一定限度就會無法
使用了。他們會渾身麻木，會停止思考，會頭昏眼花。〈1卷8章
工作日〉（二）

大家都好辛苦喔～

不管是什麼時候，
都有人在某個地方工作著。

24小時營業的便利商店、餐飲店、隔天送達的宅急
便，我們能夠過著這麼便利的生活，都是因為有素未謀
面的人們在背後支撐著。當你進入夢鄉的時候，一定也
有人正在睡眼惺忪地工作。

一天24小時都占有勞動是資本主義生產的內在衝動。（略）要克服
身體上的障礙，就得讓白天被榨乾的勞動力和晚上被榨乾的勞動力
輪班工作。〈1卷8章　工作日〉（二）

能夠保護自己的，
終究還是只有自己。

有些惡質公司不肯給加班費，勞動條件差，總是將員工
免洗筷用完就丟。因此我們必須在累到無法思考之前，
想辦法逃出此困境。

資本是像吸血鬼一樣的死勞動，唯有藉著吸吮活潑的勞動，才能得
以生存，而且是吸越多活勞動，就越有活力。〈1卷8章　工作日〉
（二）

心靈跟身體一樣需要消除疲勞……
不對！心靈比身體更需要。

假日明明已經睡過中午了還是覺得累，那是因為心靈的疲倦還沒消除。不妨來去跟朋友聊聊天，逛逛街，看看演唱會或觀賞運動比賽，做些自己有興趣的事，趕走心靈的疲勞吧。

工人需要時間來滿足各種精神上及社會上的需求，而這些需求依據總體文化的狀況又會在範圍和數量上有所不同。〈1卷8章　工作日〉（二）

壓力別來找哥

「 我不行了！」
撐不下去時就要說出來，不要忍耐。

有人拜託就無法拒絕的個性遭受利用，主管和前輩老塞
一堆超過負荷工作來。如果真的覺得太不合理，就要堅
決地說「不」！曖昧不清的態度只會讓情況加劇。

資本根本不將勞動力的壽命視為問題，資本只關心一個工作日內可
使用的最大限度的勞動力。〈1卷8章　工作日〉（二）

提不起勁……

面對頑強的敵人，

必須所有人同心協力，

共同對抗。

單一個人的聲音或許會被忽略，但是眾人的聲音就很難
忽視了。召集同伴，一起掀起重大改革吧。

會發現實際上這些吸血鬼只要你「還有一塊肉、一根筋、一滴
血」，就絕對不會善罷甘休。為了「對抗」這些折磨他們的毒蛇，
勞動者必須聚集在一起。〈1卷8章　工作日〉（二）

並非便宜就一定是好事。

能夠便宜買到潮流物品固然高興，但這說不定是靠壓低
材料費和勞工薪資換來的結果。千萬不要忘記，在便利
生活的背後，或許有人正在受到壓榨，過得苦不堪言。

生產力的提升，以及相對商品的低價化同樣會降低勞動力的價值。
〈1卷10章　相對剩餘價值的概念〉（二）

放棄吧。

真正的自己

看不到

評價終究還是別人給的，

而不是自己。

使用高級原料精心製作出來的商品，卻沒有人願意多看
一眼。這時可以向後退一步，用客觀的角度來分析原
因。熱情固然重要，但冷靜分析這項商品是否符合市場
需求也是必要的。

一樣商品真正的價值並不在於它的個別價值，而是在於它的社會價
值。〈1卷10章　相對剩餘價值的概念〉（二）

給哥再多時間也是浪費啦!

並非花越多時間成效就越好。
正確使用時間才是王道。

儘管要做的事堆積如山也不能毫無章法的貿然著手。應
該要先判斷優先順序,估算所需時間才能有效率進行。

在資本主義生產中,透過發展勞動力來節省勞動的目的絕對不是為
了縮短工作日,它的目的只不過是為了縮短生產一定商品量的必要
勞動時間。〈1卷10章 相對剩餘價值的概念〉(二)

算蒜

不勉強自己，
差不多就好了。

一直跟別人比較，就會覺得自己很差勁，心中充滿自卑
感。可是任誰都有擅長和不擅長的事物，只要整體看起
來還平均就夠了！

一個平均量通常只是許多不同種類的個別量的平均數。〈1卷11章
協作〉（二）

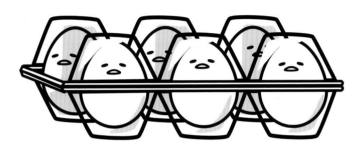

交給別人吧

團隊合作大於個人獨秀。

在朝目標前進時,光靠一個優秀的人努力是很難達成目標的。應該要多數人彼此貢獻智慧,腦力激盪,才能迅速達成目標。團隊合作大於個人獨秀,應該要將團隊利益放在個人利益前面。

問題不只在於透過協作提升個人生產力,而是創造了一種本身必須是集體力的生產力。〈1卷11章 協作〉(二)

比起一個人埋頭苦幹，
不如與同伴及對手一起
朝更高的目標邁進。

擁有遠大目標時，比起一個人埋頭苦幹，不如有個能夠
切磋琢磨的同伴。時而互相激勵，時而互發牢騷，時而
成為彼此的對手，一同朝著更高的目標邁進。

在大多數的生產勞動中，單是社會性接觸就能引發競爭心理、激發
活力，從而提升每個人的個別工作效率，（略）以提供更多產品。
〈1卷11章　協作〉（二）

不要自己一個人扛，
懂得託付他人也是重要的技術。

凡事都有所謂的最佳時機。若堅持只靠一己之力完成，
通常就會錯過最好時機。需要幫助的時候，就向身邊的
人求救，當有人來拜託自己的時候，也要不吝借出雙
手。

短促的勞動期限可藉由在緊急時刻投入大量勞動力在生產場所中來
補償。〈1卷11章　協作〉（二）

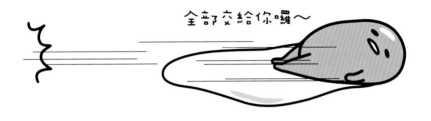

全部交給你囉～

相信他人，
就能擴展工作幅度。

自己一個人所辦得到的事情和目光所及範圍有限。如果
想要完成更遠大的目標，就要試著託付他人。即使一開
始無法順心如意，但在不斷磨合的過程中，信賴關係就
會逐漸產生。

某些勞動過程因為勞動對象的空間關係，就已經需要協同合作。〈1
卷11章　協作〉（二）

量重於質

一堆「普通人」聚集在一起
也是很有影響力的。

儘管單一個人的能力不高，只要一群人聚集在一起，就
能發揮影響力，只要集結眾人的力量，就能產生巨大力
量。因此團結是很重要的。

勞動者在與他人有計畫性的協同合作中，擺脫了他的個人限制，發
展出了他的社會能力。〈1卷11章　協作〉（二）

黏小生堅強

不需要特殊能力。

管理職也是很重要的工作。

即使聚集了一堆優秀的人才,但大家各有主張,每個人
都朝著不同方向的話,就無法運用這些得來不易的才
能。因此需要有個管理職來從中調節,整合所有人朝同
個目標前進。

一個單獨的小提琴演奏家是自己指揮自己,可是一個管弦樂隊則需
要一個指揮家來指揮。〈1卷11章　協作〉(二)

麻煩的只有一開始。

一旦事物開始運作，

只用少少的能量也能持續前進。

想要從零推動事物需要很大的能量。這時應該要一鼓作氣踏出第一步，千萬不要拖延。只要齒輪開始轉動，之後就能靠比較少的力量繼續運轉下去。

達到一次正常速度後，只要能繼續維持較長時間，就能抵銷從靜止到運動所耗費的額外力氣。〈1卷12章　分工與工廠手工業〉（二）

這個不行

做起事來卡卡的，

這時應該要重新檢視「工具」。

商品的品質會因為使用的工具而有所不同，我們平常的
生活和工作也是如此。當做起事來覺得卡卡的時候，就
可以來重新檢視一下使用的工具和使用步驟。

勞動生產率不只仰賴勞動者的技術，也仰賴工具的完善程度。〈1卷
12章　分工與工廠手工業〉（二）

工作沒有優劣，
只有職務上的不同而已。

在這個世界上有各式各樣的工作。每樣工作之間都沒有優劣之分，有的只有職務的不同而已。每樣工作都是在互相扶持，因此儘管彼此之間有利害關係，也應該要和平相處。

所有勞動者的各種職能當中，有單純也有複雜的，（略）因此他的器官，也就是個別的勞動力需要極不相同的訓練程度，因而產生各種極不相同的價值。〈1卷12章　分工與工廠手工業〉（二）

哥的職務就是
軟爛過生活……

唔……

要思考任何人
都能勝任的工作機制。

儘管打造出能夠提升工作效率的工作機制，但只有自己
能勝任的話也沒用。要讓其他人也覺得好用，使用的人
變多，才能真正提升成效。

所有的生產過程都要有任何人都能勝任的簡單操作。〈1卷12章
分工與工廠手工業〉（二）

「這樣做說不定會比較方便。」
這種簡單的想法正是發明的源頭。

「有沒有更簡單就能做出很多東西的方法？」這樣的想
法發明出方便的機械。眼前制式化的工作，說不定也還
有改善的空間。

機器使用工具來完成以前勞動者使用類似工具所進行的相同工作。
〈1卷13章　機器和大工業〉（二）

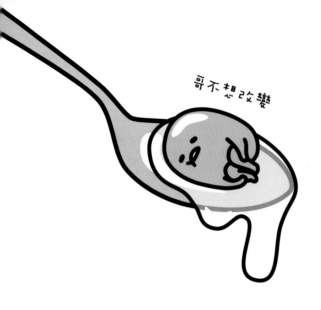

人擁有將大自然中的素材變成
各種物品的魔法。

例如巨木可透過人手加工成為木材,製作家具,建蓋房
屋。人類的智慧和技術擁有能讓大自然變成各種方便物
品的能力。

就像人呼吸需要肺一樣,要將自然力運用在生產上就需要一種「人
手創造出來的物」。〈1卷13章　機器和大工業〉(二)

網路好棒棒～

機器和機器人
真的能讓人類幸福嗎？

機器和機器人的發展，在工廠和照護現場等各種職業當中大展身手，雖然能夠減輕人的負擔，但另一方面也會開始擔心未來會不會不再需要人類。究竟會有什麼樣的未來在等著我們呢……？

人的勞動已經不是單純的動力了。如果工具機的出現取代了他的工具，那自然力就可以取代他成為動力。〈1卷13章　機器和大工業〉（二）

蛋黄人
你來弄～

善用機器，
讓時間更加充裕吧。

麻煩的家事也能靠最新的電子產品輕鬆解決。有了多餘
的時間，就可以喝咖啡喘口氣，也能把時間用在自己的
興趣和愛好上。善用機器，讓生活過得更從容自在吧。

只要機器不需要用到肌力，那機器就成了沒有肌力的勞動者，或身
體發育尚未成熟但四肢靈活的勞動者的使用手段。〈1卷13章　機
器和大工業〉（二）

今天提不起勁啊～

不只是為了自己，
為了重要的人就能更加努力。

生活中充滿無聊的工作、討厭的主管和壓力。如果只是
為了自己，就會很想放棄投降，但如果是為了守護家人
和重要的人的生活，就能繼續努力下去。

勞動力的價值不只取決於維持成年勞動者個人生存所需的勞動時
間，還取決於維持勞動者家庭生存所需的勞動時間。〈1卷13章
機器和大工業〉（二）

「沒有錢也能生活！」
未必是好事。

工廠大量生產的衣服便宜又好看，便當因競價便宜到嚇
死人。就算沒有錢也能生活得下去。但反過來說，既然
生活費可以這麼省的話，就代表薪水也不會上漲。

機器生產的相對剩餘價值，就是在直接貶低勞動力的價值，還使投
入勞動力再生產的商品變便宜，間接使勞動力變便宜（略）。〈1卷
13章　機器和大工業〉（二）

難過……

了解保障勞工的法律，
就是在保護自己。

法律有規定勞動時間限制和最低薪資來保障勞工權益。
遇到明顯違反規定的工作型態時，就要快點找人商量，
千萬不要猶豫。因此，最好能了解規定的內容。

資本手中的機器造成工作日無限延長，（略）使生活根源受到威
脅，引起社會的反動，並因此出現受到法律限制的標準工作日。〈1
卷13章　機器和大工業〉（二）

休息一下

沒有訂下期限
人就會偷懶。

距離考試、提交文件的日子還很久的話，就會忍不住拖
拖拉拉。可是如果期限是明天，就會趕緊在短時間內完
成。為了讓人有緊張感，提升專注力，或許訂定一個期
限是必要的。

一旦強迫勞動者達到在縮短的工作日中才能達到的勞動密度，情況
就不同了。〈1卷13章　機器和大工業〉（二）

目標成為無人可取代，

獨一無二的存在。

待人態度佳，具備溝通能力，有毅力等，每個人都有各
自的優點。只要能將屬於自己的優點加強到極致，就能
強大到不輸給任何人。

在工廠裡可用機械代替單純的手工活，或是由於這種手工活太過簡
單，可迅速且經常替換從事這類苦工的人員。〈1卷13章　機器和
大工業〉（二）

回不去了⋯⋯

失去後才後悔
已經太遲了。

以前需要一個一個動手做的東西，現在都可以用機械製
作，也能便宜買到好貨。可是另一方面，手工技術和傳
統也在逐漸消失。一旦荒廢了，要再復活就會相當困
難。應該要好好檢視這些價值。

機械作為勞動手段，馬上就會成為勞動者本身的競爭者。〈1卷13
章　機器和大工業〉（二）

現在哥要珍惜這片苦瓜

生活環境改變，
重要的東西也會改變。

身邊如果出現好東西就會很想要獲得，不管有多少錢都
不夠用。反之如果身處在什麼都沒有的環境當中，就算
沒什麼錢也能獲得滿足。如果覺得自己正在受到物慾的
支配，那就試著改變環境吧。

由於勞動的自然條件各不相同，同一勞動量在不同國家可滿足不同
的需求量。因此在其他條件相同的情況下，必要勞動時間就會不
同。〈1卷14章　絕對剩餘價值和相對剩餘價值〉（三）

追求沒有的東西只會換來空虛，
好好滿足於現在擁有的東西吧。

薪水不漲，未來模糊不清，再怎麼感嘆也沒用。既然生
長在這樣的時代，還是看開一點才是明智之舉。不要和
別人比，找出適合自己的幸福標準吧。

勞動力的價值取決於平均勞動者通常必要的生活手段價值。〈1卷
15章　勞動力的價格和剩餘價值的量的變化〉（三）

蛋殼降落傘

隨便說的

插了旗子試試。

獲得能讓自己
增加身價的「附加價值」。

正常勞動也沒辦法提升薪水的話,那就設法取得「附加價值」。就算現在得先花錢學習和工作相關的證照,提升技能,只要將來能讓薪水變多就不吃虧。

一方面是隨著生產方式而改變的勞動力發展費用,另一方面是男性、女性、成年、未成年等勞動力上的自然差別。〈1卷15章 勞動力的價格和剩餘價值的量的變化〉

想軟爛到天荒地老

工作充實，
假日也能玩得更有意義。

事先決定好下個假日要做的事，就能有效率地積極完成
工作。只要好好休息，好好消除疲勞，工作效率就會變
得更好。盡量多排一些愉快的計畫吧。

越增加勞動生產力，就越能縮短工作日；而越縮短工作日，就越能
增強勞動強度。〈1卷15章　勞動力的價格和剩餘價值的量的變
化〉（三）

好浪費

不做白工主義。
徹底檢查哪些事是在浪費時間。

盲目跟隨職場習慣工作，就會發現當中其實有很多事跟
工作本身無關。遇到明顯是在浪費時間的習慣時，就提
出來討論，想辦法改善吧。說不定身邊也有人有同樣的
想法呢。

節省勞動不僅在節省生產手段，還包含避免所有無用的勞動。〈1卷
15章　勞動力的價格和剩餘價值的量的變化〉（三）

其實是鬆軟系

拿出成果來
讓討人厭的主管閉嘴。

主管最重視成果。不管再怎麼熱血澎湃地闡述理想，只
要沒有過去的成績和成果，主管就不會聽你講話。將這
份不甘心化為動力，拿出實際成果讓所有人認同，讓主
管無話可說吧。

他實際上關心的只有勞動力的價值和勞動力職能所創造的價值之間
的差額。〈1卷17章　勞動力的價值或價格轉化為工資〉（三）

不過如此而已

把自己說得太厲害，
之後吃苦頭的是自己。

華麗的履歷看起來好似強大的武器，但如果沒拿出成
果，過高的期待就會讓評價一口氣掉到谷底。不伴隨實
力的驕傲自負和虛張聲勢是災禍的源頭。

工資的現實運動顯示出的各種現象，似乎證明了被支付的不是勞動
力的價值，而是其職能的價值，也就是勞動本身的價值。〔1卷17
章　勞動力的價值或價格轉化為工資〕（三）

拚過頭不會產生好的結果。

凡事不可過度逞強。

為了贏過對手，提供超出常規的服務，總有一天會達到
極限。儘管已經超出負荷，對方也會從此以此為標準。
不亂畫大餅，誠實以待才能建立長久良好關係。

異常低廉的商品的出售價格在一開始是分散形成的，之後就逐漸固
定下來，並從此成為勞動時間過長且不變的極低工資的基礎
（略）。〈1卷18章　計時工資〉（三）

火開太大了……

一個小小的失誤，
就會毀了一切。

偶然間發現的小問題，會使人失去對其他事物的信任。
此時嚴禁「算了，沒差」的想法，失去的信賴是無法輕
易挽回的。寧願多花點時間，謹慎小心的工作。

產品必須品質平均，計件價格才能完全支付。〈1卷19章　計件工
資〉（三）

啊、被選到了

不要只想著一個人勝利，
大家一起攜手慢慢走向幸福。

人與人之間的緣份是很重要的。有人介紹工作或好康的
事給自己時，別忘了感謝對方，並且一定要報恩。抱著
「互助互惠」的精神，彼此分享幸福吧。

中間人的利潤是自資本家支付的勞動價格與中間人實際付給勞動者
的價格之間的差額。〈1卷19章　計件工資〉（三）

擁有過度的競爭心理，
這樣不會反被他人操控嗎？

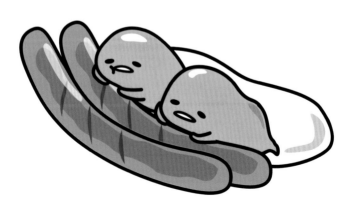

獲得好評固然開心，若能加薪就更令人高興了。按成果計酬有時可以讓人更有動力，但說不定也使人對他人產生過度的忌妒心，或是被評價玩弄於手掌心。

計件工資給個性提供了較大的活動場所，一方面能發展勞動者的個性，促進其自由精神、獨立性、自制心，另一方面也促進了他們之間的競爭心理。〈1卷19章　計件工資〉（三）

輸即是贏……

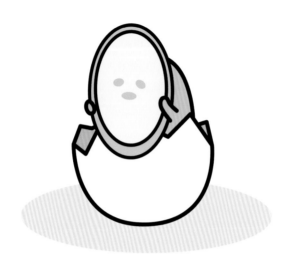

了解到工作不一定要
依賴公司和組織。

有些人可以一個人工作，不隸屬於任何公司或組織。只
要有實力，不但可以獲得比在公司工作更高的收入，也
可以自行決定工作方法。只是所有責任都在自己身上，
失敗了也沒辦法找藉口。

每個工人實際的收入會因其熟練度、體力、精力、耐力等的不同而
有很大的差異。〈1卷19章　計件工資〉（三）

有包裹～

從事能讓大家露出笑容、
能讓「金錢」運轉的工作。

熱銷商品的出現，讓生產商品的公司、材料生產者和販售店以及各界相關人士都能獲利。「金錢乃循環天下之物」。抱著愉快的心情和大家分享吧。

生產剩餘價值的資本家，即直接從勞動者身上榨取無酬勞動，並將其固定在商品上的資本家，是第一個取得剩餘價值的人，但絕不是剩餘價值的最終擁有者。〈1卷7篇 資本的累積過程〉（三）

徹底區分工作和私生活。

自掏腰包買自家公司的商品,把工作帶回家做,乍看之下是好事,但也有可能會將自己逼到絕路。應該要將工作和私生活之間界線劃分清楚。

勞動者的個人消費經常被迫當成是生產過程中的單純附帶的事情。
〈1卷21章 簡單再生產〉(三)

好像有哪裡怪怪的……

只靠工作價值是沒辦法當飯吃的。
千萬不要上當！

「薪水雖然低，但很有工作價值，能夠帶給你成長。」
不要被這種甜言蜜語欺騙。開出廉價到無法生活的低
薪，正是雇主沒為員工著想的證明。要考慮將來，停下
腳步來好好思考。

用來交換勞動力的資本轉化為生活手段，這些生活手段的消費，是
為了再生產現有勞動者的肌肉、神經、骨骼、腦髓，以便能生出新
的勞動者。〈1卷21章　簡單再生產〉（三）

新商品
蛋殻褲褲……

盡量去做看起來
白費力氣、很蠢的事情。

這個只會稱讚有利益、有意義、有效率的社會令人窒
息。有多餘的心思去發現白費力氣和做蠢事的樂趣所
在,就能誕生出文化、藝術和新的靈感。

他們認為只有資本為了消費勞動力所實際必需花費的那才是生產消
費。除此之外,勞動者為了自己的享樂所花費的部分,則是非生產
消費。〈1卷21章 簡單再生產〉

好想一直被寵下去……

能夠大賺一筆，痛快玩樂，
才有動力繼續工作。

因為有工作，才能自由使用金錢，從事自己喜歡的事，
也能為了去旅遊、看演唱會、從事自己的興趣而存錢，
再痛快花掉。只要知道之後能夠愉快享樂，工作就能產
生動力。

個人消費一方面可讓他們維持自己，以及再生產自己，另一方面透
過生活手段的耗盡來讓他們不斷重新出現在勞動市場上。〈1卷21
章　簡單再生產〉（三）

不要裝闊氣，
這樣的往來無法長久。

治裝費和應酬費累積起來不管多少錢都不夠用。一點點
的闊氣能夠促使人成長，但勉強來的人際關係只是短暫
的，無法長久。

發展到一定程度之後，就會開始正常地揮霍，作為炫富，以及作為
獲得信任的手段，甚至成為「不幸的」資本家營業上的一種必要方
式。奢侈成為資本交際費用的一部分。〈1卷22章 剩餘價值轉化
為資本〉（三）

錢比緊帶重要…？

大部分的事情
只要有錢就能解決？

為了實現理想和夢想，以及預防生病和失業，最靠得住
的還是錢。就算不是馬上需要用到，也要趁能存的時候
盡量存。擁有一筆積累的財富能讓人安心。

積累啊！儲蓄啊！這就是摩西，這就是先知！「勤奮提供儲蓄積累
起來的材料」。因此，儲蓄啊！儲蓄啊！〈1卷22章　剩餘價值轉
化為資本〉（三）

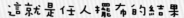

這就是任人擺布的結果

所謂的成功或許都是
多虧過去的某人所作的工作。

靠自己的實力和努力所得來的成功，或許大部分的人會
覺得自己完全沒借助到其他人的力量，但這些或許都是
靠著公司的名字、頭銜、前輩累積起來的知識、傳統和
過去的遺產才得以成功。因此就算飛黃騰達了，也要懂
得謙虛，不要驕傲。

過去的勞動被活勞動利用來賦予生命，這種無償服務會隨著積累規
模的擴大而累積起來。〈1卷22章　剩餘價值轉化為資本〉（三）

關鍵時刻到了

該豁出去的

有些昂貴物品用長遠的眼光來看，
其實是便宜的。

凡事在一開始都需要初期投資。雖然花大錢需要勇氣，
但反正都已經做好心理準備了，而且只要順利的話，應
該就能早日回收。

資本因積累增越多，分為消費基金和積累基金的價值額也會隨之
增多。因此資本家能過著更加奢侈的生活，同時又能「節欲」更
多。〈1卷22章　剩餘價值轉化為資本〉（三）

好想
攀權附貴……

趨炎附勢會比較輕鬆？

雖然對喜歡冒險和刺激的人會有點無法滿足，但跟隨多數派和大型組織是有好處的。畢竟有些事要在穩定又受到庇護的環境中才能安心完成。

規模擴大的再生產，即積累再生產出規模擴大的資本關係，（略）再生產出更多的雇傭勞工。〈1卷23章　資本主義積累的一般規律〉（三）

坐起來
嘟嘟
好

既然每天都要工作，
那就要找個舒適的地方。

能夠遇到契合的公司，活用自己能力的人少之又少。公
司氣氛、人際關係、工作內容，當中只要有一兩個條件
符合，其實就能待得滿愉快的。

勞動力必須不斷和資本合併，成為價值增值的手段，無法脫離資
本，（略）因此，資本的積累會造成無產階級增加。〈1卷23章
資本主義積累的一般規律〉（三）

給多少都打不起精神‥‥‥

薪水過多過少
都會讓人提不起勁。

大多數的人都會認為「薪水越多越好」，但如果拿到過高的薪水，人就會心生滿足而缺乏向上心，薪水過低也會讓人提不起勁。「再加把勁說不定就可以再加一點薪了！」實際又適度的金額才最能激發動力。

能使勞動者勤奮的唯一方法就是適度的工資。〈1卷23章 資本主義積累的一般規律〉（三）

好想來去夏威夷～

由奢入儉難，
由儉入奢易。

只要過慣高水平的生活，就很難再降低生活品質了。不
考慮後果就揮霍浪費很危險的。警惕自己不要養成愛亂
花錢和奢侈的習慣。

資本累積的結果提升了勞動價格，而這實際上只不過是意味著，容
許雇傭勞工將自行鑄造的又長又重的金鎖鏈稍微放鬆而已。〈1卷
23章　資本主義積累的一般規律〉（三）

這裡好舒適～

現在的工作環境不合意的話，

那就試著尋找新的歸屬吧！

如果對現在的環境有所不滿，那就可以試著挑戰新環
境。不要被綁在同一個地方，因為我們都有選擇的自
由。

勞動價格的提高不僅不會侵害資本主義制度的基礎，還被限制在保
證能夠擴大規模再生產的界限之內。〈1卷23章　資本主義積累的
一般規律〉（三）

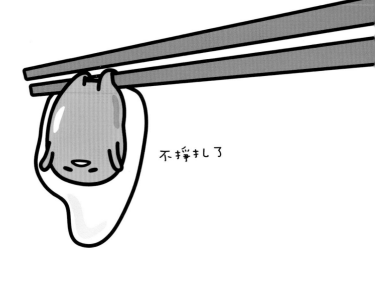

不掙扎了

公司倒了也不怕。

有這種自信的人是強大的。

原本以為絕對不會倒閉的大公司，也是很有可能突然破
產的。應該要勤奮不懈地磨練自己的能力，不要過度依
賴公司。

這是已經形成的各種資本的累積，是個體獨立性的消滅，是資本家
剝奪資本家，是許多小資本轉變為少量的大資本。〈1卷23章　資
本主義積累的一般規律〉（三）

想要開始一項新事物時，
就想辦法借助眾人的力量吧。

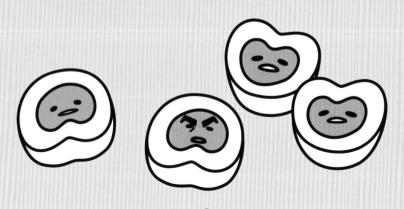

想要開始進行一項新事物時，可先招集許多協助對象。有各個領域的專家協助，比較能夠順利進行。若能在短時間內統整組織，步上軌道，就能靠少人數繼續前進。雖然需要花一些工夫，但以結果來說，效率應該是好的。

資本的絕對增長，與其可變組成部分，或其所吸收的勞動力的絕對減少結合在一起。〈1卷23章　資本主義積累的一般規律〉（三）

自由到底是什麼？

「自由的工作方式」
是中了雇方下懷？

期間限定的派遣工作雖然很自由，但另一方面也可能會因公司的情況而浮浮沉沉。景氣好的時候就工作多，薪水高，景氣不好的時候，可能就會馬上遭到解約。

生產規模突然劇烈的膨脹（略）沒有可自由利用的人身材料，沒有依附在人口絕對增長的勞動者增加，是不可能的。〈1卷23章　資本主義積累的一般規律〉（三）

蛋黃哥拼盤

擁有別人不會的一技之長，
就會很有價值。

具備很少人會的技術和特殊證照的人可以獲得較高的報
酬。想要靠一己之力維持生計的話，就要擁有他人無法
輕易學習的一技之長，並奮而不懈地經常更新技術。

較高的工資會吸引較多勞工人口到這個有利的部門，（略）於是工
資又再度下降到以前的平均水平，如果勞工流入過多，還會降到這
個水平以下。〈1卷23章　資本主義積累的一般規律〉（三）

瀑布修行

只要有健康的身體，
就有辦法維生。

就算任職的公司倒閉，只要還有健康的身體，就能從事
任何工作，也能夠繼續維生。光靠自尊心和地位是無法
生存的，健康的身體才是最珍貴的資本。

大多數的窮人無論怎麼勞動，除了自己本身以外，沒有其他可賣出
的東西。而少數富有的人雖然早在很久以前就不再勞動，但他們的
財富卻不斷增加。〈1卷24章　所謂原始積累〉（三）

依照腳本而活的人生啊……

想要自由過活，
就要對自己所做的決定負責。

只聽他人的判斷，只照他人的話做。人生就這麼一次，
你難道打算放棄自己思考，把一切都交給別人嗎!?

自由勞動者不像奴隸、農奴一樣直接屬於生產手段的一部分，
（略）他們反而是脫離了生產手段而自由，卸下了生產手段。〈1卷
24章　所謂原始積累〉（三）

許願又不用花錢

「反正事情又不會改變。」
不要這麼想，現在放棄還太早了！

當明顯受到不當對待時，千萬不要忍氣吞聲，要主張勞
動者的權利。只要集結勞動者，大家同心協力發起行動
或許就能有所改善，也能減少有同樣痛苦經驗的人。

正在不斷膨脹、且由資本主義生產過程本身的機構所訓練、集結、
組織起來的勞動者階級的反抗也日益增長。〈1卷24章　所謂原始
積累〉（三）

工作不是為了公司，
而是為了自己。

每個人都有不同的工作理由。為了錢，為了夢想，為了
生存意義，為了增進技術，為了地位，為了名聲……，
不管是為了什麼理由，都希望是為了「自己」。最好還
能有一樣為了金錢以外的理由。

雇傭勞工不是為資本勞動，而是為自己勞動，不是使資本家老闆富
有，而是讓自己變得富有，他們不斷地轉化為獨立生產者，可是這
種轉化卻又對勞動市場的狀態產生有害的反作用力。〈1卷24章
所謂原始積累〉（三）

已經不需要了嗎～

需要的東西
在需要的時刻購買需要的量。

在特賣會上大量購買，但最後如果還是得丟掉的話，那
就跟買貴沒什麼兩樣。需要的東西在需要的時刻購買需
要的量就好。如果能掌握庫存的話，就可以避免浪費。

可以很清楚明白，資本在流通領域的可除部分不斷停留的時間越
長，資本在生產領域不斷執行職能的部分就必定會越小。〈2卷5
章　流通時間〉（四）

剛才
在那邊做好的。

能從製作者手中立刻拿到
剛做好的成品是非常奢侈的事。

比起不知道是誰做的東西，能夠看到製作者的臉比較能
令人安心。如果能了解這項商品完成的過程和製作者的
想法，不但會產生憐惜感，也會比較願意好好珍惜。

流通時間等於零或越接近零，資本的職能就越大，資本的生產效率
就越高，自行增值也會越大。〈2卷5章　流通時間〉（四）

好國際化啊～

和世界接軌，
盡量擴展可能性。

使用網路就能輕易買到世界各地的商品，單一個人也能
和世界各地的人進行交易。商品的發想、品味、品質若
是能受到不同文化的人的認可，說不定會有意想不到的
邂逅、發現和價值喔。

購買市場和販售市場可能會是不同場所的市場。〈2卷5章 流通時
間〉（四）

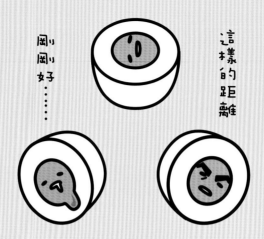

剛剛好……

這樣的距離

保持一點距離
說不定能發現意想不到的魅力。

製作方和販售方有時對事物的看法會不太一樣。能夠直
接看到客戶反應的販售方有時反而能發現製作方沒發現
的魅力。

在商品生產中，流通和生產一樣是必要的，因此流通負責人和生產
負責人一樣是必要的。〈2卷5章　流通時間〉（四）

何時？

凡事都有「最佳時機」。
在還沒後悔之前趕快行動吧。

與人的相遇和事物都有所謂的「最佳時機」。為了不錯
過最佳時機，一旦心動就趕快行動吧。

如果商品沒有在一定時期內，按照它們的用途，進入生產消費或個
人消費，沒有在一定時間內賣掉，它們就會損壞，並在喪失使用價
值的同時，也喪失了作為交換價值承擔者的屬性。〈2卷5章　流通
時間〉（四）

都相處這麼久了？

那些痕跡是經年累月的證明。

長年使用的皮製品擁有獨特的味道。使用時留下的刮痕
和褪色痕跡是長年愛用的證據。儘管對他人而言價值減
少，但對自己而言卻是世上唯一僅有的重要物品。

磨損首先是因使用本身引起的。（略）此外，磨損也會受到自然力
的影響而產生。〈2卷8章　固定資本和流動資本〉（四）

放太久啦～

再完美無缺的物品都需要維修。

就算建立了縝密的計畫,執行過程中一定都會遇到問題和挫折。查明原因固然重要,但此時的當務之急是修正方向。要懂得臨機應變,選擇最適合的道路前進吧。

一台機器的構造再怎麼完美無缺,一旦進入生產過程,在實際使用時必定會出現一些需要透過追加勞動來改善的缺陷。〈2卷8章　固定資本和流動資本〉(四)

山藥面膜

為了能夠長久使用，
妥善的維修是不可或缺的。

不管是什麼東西，只要經過時間的洗禮，都一定會有所
損壞。愛用品更需要定期維修，才能夠用得長長久久。

機器一旦過了中年期，（略）為了讓機器維持到平均壽命的最後所
需要的維修勞動就會越多越頻繁。〈2卷8章　固定資本和流動資
本〉（四）

奢侈真的是大敵嗎……？

一旦經濟富裕，社會安定，欣賞藝術和音樂的人也會變多。但如果生活中充滿戰爭和飢餓，就沒有空間享受這些。當所有人都不再享受奢侈時，大家的心靈就會越來越貧瘠。

每一次恐慌都會暫時減少奢侈品的消費。（略）必要消費手段的販售也會因此停滯和減少。〈2卷20章　簡單再生產〉（四）

吃吧 吃吧

偶爾用「給自己的禮物」
當藉口是可以的。

在順利完成一項高難度的工作後，送自己一項一直很想
要的奢侈品其實也不錯。獲得特別的東西，也會讓自己
提起幹勁，更加有動力。所以偶爾奢侈一下吧。

他們也加入了平時他們買不起的奢侈品消費，（略）這件事又會引
起物價上漲。〈2卷20章　簡單再生產〉（四）

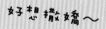

看不太到風景……

世上的一切都是息息相關的，
只是你沒發現而已。
保持對世界動向的敏銳度。

方便舒適的生活是透過許多國家的連結才得以成立的。
世界的環境問題和紛爭其實都和自己的生活圈息息相
關，只是你沒察覺而已。對這些事物抱持關心，不要覺
得事不關己。

一般來說，資本主義生產是不能沒有對外貿易的。〈2卷20章　簡
單再生產〉（四）

啊～啊……

從「覺得可惜」的想法中
產生新的價值。

釀完葡萄酒剩下的葡萄渣可以拿來當家畜飼料，舊布可
以用來改造成雜貨。這些東西丟掉就會變成垃圾，但只
要發揮一點靈感和技術就能產生新的價值。

生產排泄物，即所謂的生產廢料會再轉化為同一個產業部門，或另
一個產業部門的新生產要素。〈3卷5章　不變資本使用上的節約〉
（六）

老是重視便宜和效率，
就會錯失重要的東西。

盡可能地節省經費和成本是賺錢的主要原則，可是過度
削減成本的話，就一定會有人受苦，甚至有可能會影響
到商品最重要的安全性和品質。比起短視近利，考量長
遠的賺錢之道才是最佳做法。

我們對資本主義的生產進行個別考察，若不考慮流通過程和大量的
競爭，那些實現的、被物化為商品勞動受到了極度的節約。〈3卷5
章　不變資本使用上的節約〉（六）

這樣夠了嗎?

為了讓大家都能工作得很舒適,
不要吝於花費任何工夫。

雖然說「職場是工作的地方」,但如果和同事之間只談
最基本的公事,設備和室內裝潢都只有最低限度的話,
辦公室的氣氛就會變得很冷淡無機質。

為了勞動者,讓生產過程更人性化、更舒適,(略)從資本家的立
場來看,這些應該都是毫無目的、毫無意義的浪費。〈3卷5章 不
變資本使用上的節約〉(六)

幫哥蓋上……

沒有工具就以
沒有工具的方式去想辦法。

因為沒有工具可以用、無法備齊材料就放棄還太早了，
想想看有沒有可以替代使用的東西。從現有的東西去想
方設法也是一種樂趣，成功了也會很有成就感。

原料上漲刺激了廢物的利用，這是不言而喻的。〈3卷5章　不變資
本使用上的節約〉（六）

完蛋了～

過去的失敗案例
可以比成功案例學到更多。

大家都比較喜歡傾聽成功案例以及對自己有利的資訊，
但其實真正有幫助的都是失敗案例和負面資訊。因為會
為了不重蹈覆轍，冷靜分析原因，訂定成功對策。

最初的企業家大都破產，而之後低價買到建築物、機器等的企業家
才開始繁榮起來。〈3卷5章　不變資本使用上的節約〉（六）

哥才不是豬～

希望可以解決越工作越痛苦的機制。

長時間勞動可以拿到加班費，可是之後又會被要求提升
工作效率，禁止加班。雖然工時減少了，但反而變得更
累了。

勞動的剝削程度、剩餘勞動和剩餘價值的獲取，特別會因為工作日
的延長和勞動的強化而提升。〈3卷14章　起反作用的各種原因〉
（六）

起不來……

每個人都有挑戰的機會。

在現在這個世道，什麼時候開始都不算遲，放棄就太可
惜了。每個人都有機會，放棄就輸了。就算無法如想像
中那麼順利，也要繼續挑戰。

由於國民教育的普及，可以從那些以前被排除的、並習慣較差的生
活方式的階級中招收這類勞工。而且那些都是志願者，因而加強了
競爭。〈3卷17章　商業利潤〉（六）